知っておきたい
障がいのある人のSOS
4

# 体を動かしにくい人の SOS

［著者］
河東田 博

ゆまに書房

# もくじ

① はじめに
............................................................ 4

② どうして、
体を動かしにくくなるの？
............................................................ 8

③ 体を動かしにくい人の
SOS
............................................................ 11

④ 街(まち)に出て調べてみよう
............................................................ 16

| ⑤ | 体を動かしにくい人の<br>SOSを体験してみよう | 20 |

| ⑥ | 体を動かしにくい人の<br>経験(けいけん)を聴いてみよう | 24 |

| ⑦ | 体を動かしにくい人も<br>社会参加を！ | 29 |

| ⑧ | おわりに | 32 |

※本書の内容は、刊行当時のものです。

# ① はじめに

## 体を動かしにくい人のSOSとは？

この本は、体を動かしにくい人たちが、こまっていること、
こまったときにどういうサインを出しているのか、
わたしたちはそのサインをどう受けとめ、どうしたらよいのか、
などについて書いたものです。
体を動かしにくい人たちが出しているSOSのサインについて、
いっしょに考えてみましょう。

みなさんは、SOSって何だと思いますか？
体を動かしにくい人たちは、思うように体を動かせないために、
こまっていることがたくさんあります。
こまったときに何かサインを出しているはずです。
そのときのサインはどういうサインなのか、
何を求めて出しているサインなのか、
もしわたしたちがそのサインを読み取ることができたら、
体を動かしにくい人のこまっていることはかなり減るはずです。

体を動かしにくい人の
SOSに気をくばろう

**体を動かしにくい人は、こまることが多い**

この本では、体を動かしにくいために、
こまって出しているサインのことを、
SOSとよぶことにします。
体を動かしにくい人が出しているSOSを読み取り、
SOSを減らしていけるようにするためには
どうしたらよいのか、を
いっしょに考えていきましょう。

# 体を動かしにくいって、どんなこと？

みなさんは、「体を動かしにくい」って、
どんなことだと思いますか。

- 手が使えなくなる
- すわれなくなる
- 足が使えなくなる
- 手も足も動かなくなる

手が使えなくなると、どうなると思いますか。
- ものがつかめない
- もてない
- 書くことができない

*手が使えないと書くことができない*

*足が使えないと歩くこと走ることができない*

足が使えなくなると、どうなると思いますか。
- 歩けない　●立てない　●走れない　●とべない

すわれなくなると、どうなると思いますか。
- 体を支えられない　●横になったままになる

*手も足も動かなくなると寝たきりになる*

手も足も動かなくなると、
どうなると思いますか？
- 自分では何もできなくなる
- 寝たきりになる

それでは、
体を動かしにくい人たちは、
● どんな生活をしていると思いますか。
● どんなことに不便を感じていると思いますか。

体を動かしにくいと、
● どんなことがこまると思いますか。
● どんな助けがあるとよいと思いますか。

体を動かしにくい
人のことを
理解しよう

まわりをよく見てください。

みなさんのまわりに、
体を動かしにくくて、
こまっている人たちが
きっといると思います。

体を動かしにくい人たちが、
こまっていることを知り、
わたしたちは
どうしたらよいのか、を
いっしょに考えてみましょう。

# ２ どうして、体を動かしにくくなるの？

## 体を動かしにくくなる原因

どうして、体を動かしにくくなると思いますか？
いっしょに考えてみましょう。

体を動かしにくくなる原因は、さまざまです。
体を動かしにくくなるのは、次のような理由によります。

1 病気や遺伝によるもの

2 事故やけがによるもの

3 そのほか

体を動かしにくくなる原因はいろいろある

## 1 病気や遺伝

病気や遺伝によっておきる体の問題が、
たくさんあります。
手や足など、体の骨に問題のある人、
手や足の指に問題のある人、
手や足が生まれつきない人、
手や足を切らなければならなかった人、
脳にできた傷や血のかたまり・
出血などがあって、脳の働きに問題が起きてしまった人、
ほかにも、体にいろいろな問題をかかえた人がいます。

## 2 事故やけが

事故やけがによって、体にいろいろな問題をかかえてしまうことがあります。
転んだり、階段から落ちたり、つまずいて足や手の骨を折ってしまった人、
事故で足がなくなった人、
車にぶつけられて首や腰の骨がおかしくなってしまった人、
ものがたおれてきて頭を打ち、脳に障がいが残ってしまった人、
機械などにはさまって手の骨がつぶれてしまった人、
水におぼれて脳に障がいが残ってしまった人。
ほかにも、事故やけがで
体を動かしにくくなってしまった人を
見かけたことがあると思います。
その人たちのことを思い出してみましょう。

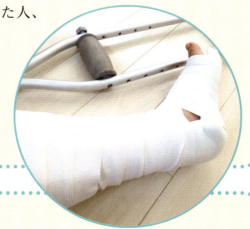

## 3 そのほか

病気や遺伝、事故やけがのほかに、体に有害なものが入って、
体を動かしにくくなってしまった人たちがいます。

# ③ 体を動かしにくい人のSOS

体を動かしにくい人たちが出しているSOSは、
次のようにたくさんあります。

## 手が使えない

手が使えないとしたら、どうでしょうか。
手が使えないとしたら、
何がこまるでしょうか。

口でくわえた
補助棒（ほじょぼう）で
パソコンを操作（そうさ）

手を使わずにパソコンを操作するには、
どうしたらいいでしょう。
補助棒を口にくわえて、実際にやってみましょう。
うまくできましたか。

絵カードを使って
コミュニケーション

●電話やメールはできる

手が使えなくても、補助具を使ったり、
だれかに手伝ってもらえば、
● 字は書けます。
● 電話やメールはできます。
● ご飯を食べたり、飲みものを飲むことはできます。

服を着るときは、どうでしょうか。
着がえがかんたんにできるでしょうか。

お金を出したり、かばんを開けたりすることは、
どうでしょうか。

●だれかに手伝ってもらえば、ご飯を食べたり、
　飲みものを飲んだりできる

## 足が動かない

足の骨（ほね）を折って、足が動かなくなったら
どうなるでしょうか。

スイッチをおして
音で合図を送る

足の指が使えなくなると、何がこまるでしょうか。
片足（かたあし）が使えなくなると、何がこまるでしょうか。
両足が使えなくなると、何がこまるでしょうか。
足が使えないという経験を実際にしてみましょう。

| | |
|---|---|
| 歩く | 着がえる |
| 階段（かいだん）をのぼり、おりする | トイレ |
| 走る | そのほか |

# すわれない

すわれなくなったら、
どうなるでしょうか。
ずっと横になっているか、
体を支えることのできるイスにすわる
ことになります。

すわれなくなったら、
何がこまるでしょうか。
やってみましょう。

- 横を向いたり、
  寝返り(ねがえ)をうってみましょう。
- 横になったまま
  ご飯を食べてみましょう。
- 横になったまま
  飲みものを飲んでみましょう。

階段は
どうするのだろう？

トイレは
どうするのだろう？

考えてみましょう。
- トイレ（排尿(はいにょう)・排便）は、
  どうやってするのでしょうか。
- 学校へは、
  どうやって行くのでしょうか。

## SOS 4 手も足も動かせない

手も足も動かなくなったら、どうなるでしょうか。
自分では何もできません。寝たきりになってしまいます。

寝たきりになったら、何がこまるでしょう。やってみましょう。

- 横を向いたり、寝返りをさせてもらいましょう。
- 横になったままご飯を食べさせてもらいましょう。
  食べられるかな？　飲みこめるかな？
- 飲みものを飲ませてもらいましょう。
  むせないで飲めるかな？

- トイレ（排尿・排便）は、
  どうやってするのでしょうか。
- 学校へは、
  どうやって行くのでしょうか。

実際にやってみて、どのように感じましたか。

- SOS 1　手が使えないとき
- SOS 2　足が動かないとき
- SOS 3　すわれないとき
- SOS 4　手も足も動かせない（寝たきりになった）とき

どうしてもらうと助かりましたか。

# ④ 街に出て調べてみよう

## 街の中のSOS

街には、不安に感じることや
不便なものがたくさんあります。
不安に感じることや不便なものが
たくさんあると、こまってしまいますよね。
こまったときに出てくるサインが
SOSなのです。

わたしたちのくらしている
街のようすが、絵で示されています。

> 街には
> 人や情報が
> あふれている

たくさんの人たちがくらしています。
たくさんの人たちが働いています。
ツエをついている人も、
車イスにのっている人もいます。
歩行器を使っている人もいます。
だれかに付きそってもらっている人もいます。

体を動かしにくい人が、
どこで、どんなSOSを出しているかを
考えてみましょう。
街には不便なものがたくさんあります。

道路にある小さな段差や、
でこぼこなどです。
歩いていたり、車イスにのっていたり、
バギーにのっていると、
わずかな段差でも障がいになります。

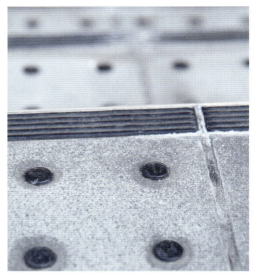
●段差をのぼるのはたいへん！

歩道に自転車が
たくさんおかれていると、
歩きにくくなります。
通りにくくなってこまります。
ぶつかってしまうこともあります。

お店の中にも
小さな段差がありますね。
床にコードがとめてあったり、
じゅうたんや床のピータイルが
少しめくれていたり、
入口のドアの下が
少し高くなっていたり、
床の材質が変わるところに
段差ができていたり、
お店に入っても、
こまることがたくさんあるのです。

●自転車がじゃまになることも

トイレがせまくて、
車イスで入れなかったり、
障がい者用トイレに、
障がいのない人が
入っていたり、
体を動かしにくい人が
横になれるベッドが
なかったりします。

●障がい者用トイレは障がい者優先

駅の改札がせまかったり、
店の入口やたなの間の
通路がせまかったり、
通路に商品が
ならべてあったりします。

そのほかにも、
街に出てみると、
不便なことが
たくさんあります。

●障がいのある人も利用しやすい改札に

エレベーターに
元気な人がのっていて、
体を動かしにくい人が
なかなかのれなかったりします。

●エレベーターは障がいのある人を優先しよう

# 5 体を動かしにくい人のSOSを体験してみよう

## 体を動かしにくい人に役立つもの

体を動かしにくい人が出しているSOSに
うまくつきあっていくために、体を動かしにくい人にも
わかりやすく伝えることのできるものがあるといいですね。

体を動かしにくい人に役立つ、
すぐに使えるものがあれば、
SOSのサインが出しやすくなりますし、
わたしたちもうまくつきあっていくことができます。

体を動かしにくい人に役立つ、
すぐに使えるものが
たくさん開発されるようになってきました。

どんなものがあると便利で、役立つか、を
考えてみましょう。

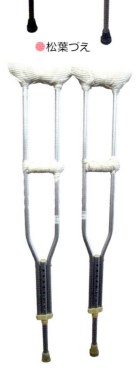
●松葉づえ

●障がい者用食器・スプーン

体を動かしにくい人が使える、補助具(ほじょぐ)がいろいろあります。
- 車イス
- 松葉づえ
- 歩行器　……そのほか

障がい者用スプーンなら食べやすい

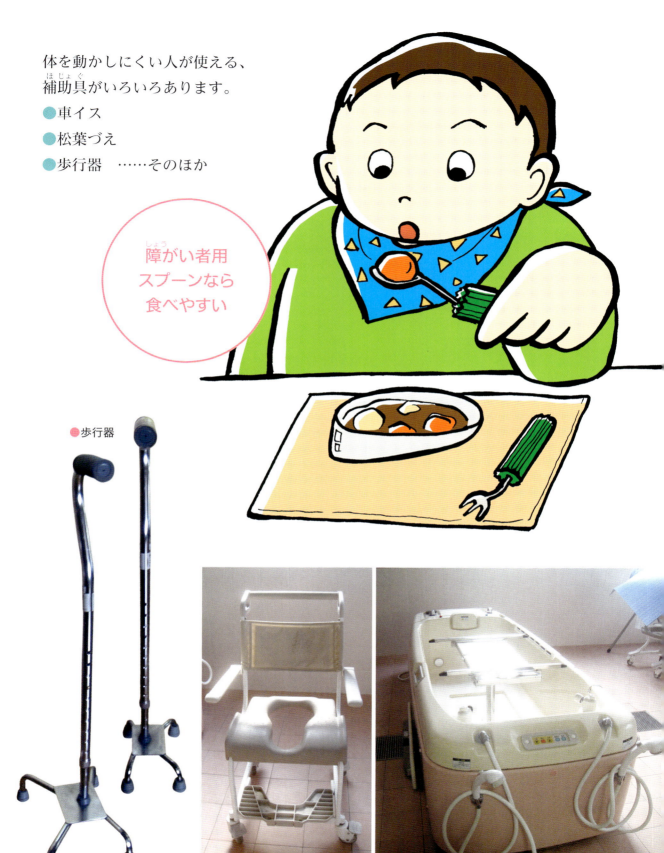

- 歩行器
- シャワー用イス
- 介護入浴そう

# 車イスを体験してみよう

車イスを体験すると、
体を動かしにくい人のSOSが
よくわかります。
専門家(せんもんか)の指導を受けながら、
車イスを体験してみましょう。

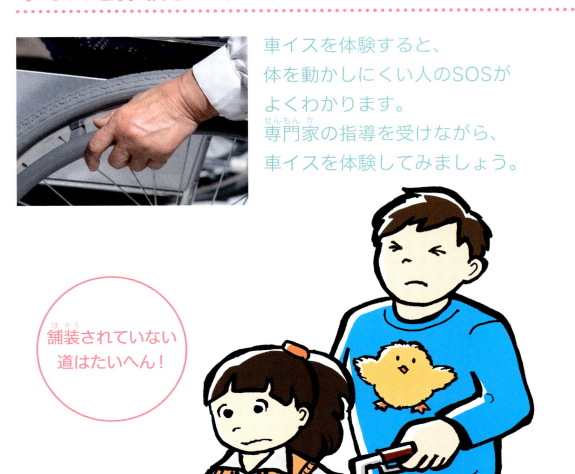

舗(ほ)装(そう)されていない
道はたいへん！

車イスにのってみましょう。
まっすぐ前に進めましたか？
車イスをおしてもらって、
外に出かけてみましょう。
段差ものぼってみましょう。

車イスを
体験してみよう

●段差はたいへん

つかれましたか。
何がたいへんでしたか。
どこに力が入りましたか。
どこが痛くなりましたか。
のりごこちは、どうでしたか。

車イスにのったときに体験したことを、
みんなで話しあってみましょう。

街中を車イスで
移動するのは
ひと苦労

車イスをおして、車イスにのっている人と、外に出かけてみましょう。
段差をのぼったり、おしたりしてみましょう。
車イスをおした体験を、みんなで話しあってみましょう。

# 6 体を動かしにくい人の経験を聴いてみよう

## 篠原由美さんの日常生活

CILくにたち援助為センター理事長の
篠原由美さん（51さい）を訪ねました。

由美さんには、
いつも介助者がついています。
生活のあらゆるところで、
介助者に手伝ってもらっています。

たとえば、
パソコンを使って仕事をしています。
打つ文字やほしい情報がどれかを
由美さんが決めています。
介助者は、指示通りにマウスを動かし、
キーボードを打っています。

●車イスの由美さん

●電話で話す由美さん

電話がかかってきます。
介助者が受話器をとり由美さんにわたします。
由美さんは、電話でやりとりをしています。
由美さんがメモをとるように指示し、
介助者がメモをとっています。

書類にサインをすることになります。
サインをする指示を出すのが由美さん。
代わりにサインをするのが介助者です。

買いものでほしいものを決めるのが由美さん。
ものをとってカゴにいれるのが介助者。
レジでサイフからお金をはらうように
指示するのが由美さん。はらうのが介助者です。

調理の仕方を指示するのも、
何から食べ、どのように食べるのかを
指示するのも由美さんです。
その他、トイレも、おふろも、外出も、
決めるのはすべて由美さんです。

●介護者に打つ文字の指示をする由美さん

## 介助者は、人生のパートナー

介助者は、いつもそばに付きそい、見守り、指示通りに手助けしていました。
由美さんが何不自由なく生活できるように手助けするのが、介助者なのです。
由美さんには、1日14時間、交代で3〜4人の介助者がついています。
介助者の数は、1カ月のべ120人にもなります。
寝返りをうつときも、介助者の手を借ります。
介助者は、由美さんの人生のパートナーなのです。

●由美さんの車イスは魔法のイス

車イスは、由美さんの生活に欠かせません。
車イスは、由美さんの足なのです。
由美さんの車イスは、魔法の足、
魔法の車、魔法のイスです。
電動のため、手でかんたんに動かすことができます。
由美さんの車イスは速く動きます。
わたしたちの速足ぐらいの速さです。
由美さんの車イスは、横にすることもできます。
横にして寝ることもできます。
でも、車イスがこわれると、
どこにも出かけられなくなってしまうのです。

由美さんは、
手伝いがないとこまってしまいます。
だれかに手伝ってもらわないと、
生活がしづらくなってしまいます。
そのため、いつもSOSを出しています。

でも、由美さんは、人として、
みなさんと何も変わりません。
みなさんと、同じ生活をしているのです。

●由美さんの代わりにサインする介助者

みなさんと同じように、学校に行き、仕事をし、余暇を楽しみます。
友だちをつくり、恋人をもち、結婚をし、家庭をもちます。

みなさんと同じように、あこがれをもっています。
みなさんと同じように、興味ももっています。
みなさんと同じように、いやなことをされたらいやなのです。

わたしたちを特別あつかいしないで、ふつうに接してください。
ふつうにふるまい、ふつうに気づかってください。

わたしたちは、これからも、社会の一員として、
社会に役立つことをたくさんしていきたいと思います。

# 仲元実希さんはとっても元気！

仲元実希さん（18さい）は、体だけでなく、
言葉もうまく話せません。でも、何でもわかるんですよ。

毎日学校に通い、
デイ活動に通い、
友だちと音楽を楽しんでいます。

おおぜいの友だちにかこまれ、
おおぜいの介助者に
手助けを受けながら、
毎日元気に生活しています。

実希さんのSOSは、
顔の表情や、目、
体を見ているとわかります。
声を出したり、
手でたたいて合図を送ったり、
足でたたいて合図を送ったり、
体全体で知らせてくれます。

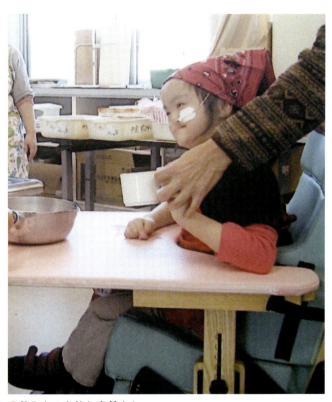

●飲みものを飲む実希さん

実希さんは、わたしたちのように口からものを食べることができません。
経管栄養といって、体の外からチューブをとおして栄養を体にいれています。
写真で見える顔についているチューブは、そのためのものです。
実希さんは、鼻からチューブをいれて栄養をとっています。

特別な車イスにのり、特別なコップを使って水などを飲んでいます。

どこかに行くときも、家でゆっくり休むときも、だれかの手助けが必要です。
そのため、実希さんは、いつもSOSを出しながら生活しているのです。

でも、みんなと同じように、
同じことをして、楽しむことができます。
いろいろ経験することによって、
やれること、楽しむことが増えてきました。
これからもいろいろなことを経験し、
いっぱい楽しみたいと思います。

お母さんや介助者といっしょに、
旅行にも行きます。
馬にのって楽しむのも好きです。
たくさんSOSを出しながら、
いっぱい楽しんでいます。

●馬にのる実希さん

## 実希さんの夢

わたしの夢は、
四肢（両手両足）や脳をはじめ、いろいろな障がいがあるけれど、
たくさんの人とかかわりながら、いっしょにいろ〜んなことを楽しみ、学び、
みんなが体験していることを、
わたしもできる限りい〜っぱい体験することです。
体験や経験をする中で、自分のできることを増やし、少しでも成長したいから。

●電車にのる実希さん

また、わたしの夢は、
住みなれた街で、大好きな人たちといっしょに、
自立した生活ができることです。
わたしのことを理解してくれる
たくさんの方々の力や助けを借りて、
わたしらしく生活をしていかれることです。

わたしがわたしらしく、一生懸命生きていくこと、
それが、一番の親孝行なんだって思っています。

# 7 体を動かしにくい人も社会参加を！

## 体を動かしにくい人のSOSに気づこう

車イスなどを体験し、体を動かしにくい人のSOSに気づいたと思います。車イスの人がこまっていたら、声をかけてみましょう。

体を動かしにくい人のSOSに気づくって、
かんたんではありません。
でも、今回、いっしょに考え、
いっしょに体験してみて、
体を動かしにくい人たちが、
どんなときにこまっているのかが
よくわかったと思います。

これからもいっしょに考え、
いっしょに歩み、
体を動かしにくい人たちのSOSに
気づけるようになっていってください。

車イスをおして
街（まち）に
出かけてみよう

体を動かしにくい人たちが
こまっているとき、
まわりを歩いている人たちが、
とても速く歩いて（動いて）いる
ように感じます。

体を動かしにくい人たちは、
ゆっくりしか動けないために、
止まってしまったり、
動けなくなることがあります。

そういうとき、手伝ってくださいと、
なかなか声をかけられないことが
多いのです。
車イスや歩行器、
ツエを使っている人がいたり、
止まってしまっている人がいたら、
勇気をもって声をかけてあげてください。

●リフトを使って車イスのままのる

「だいじょうぶですか」
「お手伝いしましょうか」

その一言がとってもうれしいのです。

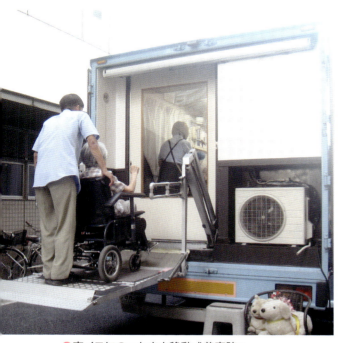

●車イスにのったまま移動式美容院へ

# 体を動かしにくい人も参加できる社会を！

のりものにのってみましょう。街の中を見わたしてみましょう。
たくさんのサインが見られます。

駅にも、街にも、
情報があふれています。
広告のためのものもあれば、
障がいのある人たちのために、
つくられているものもあります。

障がいのある人たちにとって、
サインのようなわかりやすい表示が、
街のいたるところにあると、
とても助かります。

> 表示は大きくて
> わかりやすいと
> 障がいのある人も
> 助かる

●スロープがあれば電車にスムーズにのれる

●駅員といっしょにエスカレーターをのぼる

体を動かしにくい人も、サインを使い、
どんどん社会参加していってほしいと
思います。

そのために、どうしたらよいのかを、
みんなで考えてみましょう。

# ⑧ おわりに

## 街を変え、社会を変えていこう

体を動かしにくい人のSOSに気づくことで、どうしたらだれもがくらしやすい街にしていくことができるかがわかってきました。

耳が聞こえにくくても、
体を動かしにくくても、
目が見えにくくても、
ツエをついていても、
手おし車につかまっていても、
うばぐるまをおしていても、
車イスにのっていても、
どこにでも、
自由に、出かけられるように、
街を変えましょう。

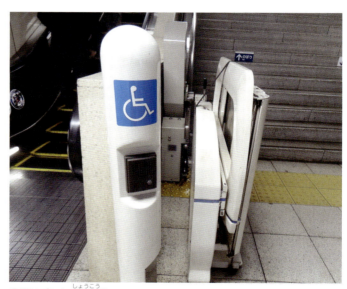
●駅の車イス昇降機

●バスのスロープ

体を動かしにくい人の中には、
馬にのって楽しんでいる人もいます。
乗馬なんてムリと思わずにやってみましょう。
仲元実希さんのように、
こわがらずに何でもやってみましょう。
ダメと思わずに、思い切ってやってみましょう。
こわくなったら、「SOS！」と言えばいいのです。
楽しいときは、「楽しい！」と言えばいいのです。

体を動かしにくい人たちは、
日ごろからたくさんのSOSを出しています。

体を動かしにくい人たちが出している
SOSを見のがさないようにしましょう。

SOSのサインをキャッチしたら、
そのサインをどうして出したのかを
よく聴（き）くようにしましょう。

そして、
いっしょに考えていくようにしましょう。

いっしょに考えてよいヒントがうかんだら、
いっしょにそのヒントの生かし方を
考えましょう。

ヒントの生かし方が見えてきたら、
いっしょにやってみましょう。

いっしょにやっていく中で、
よい結果も見えてくると思います。

体を動かしにくい人たちでも、
得意なことがあります。
体を動かしにくい人たちが
できることがたくさんあります。
こまった顔をしている人を、
笑顔（えがお）に変えられるように、
いっしょに考え、
社会を変えていきましょう。

# 笑顔のあふれる社会をつくろう

体を動かしにくい人も社会で元気に生活できるようにするためには、次のようなことが必要です。

> バリアフリーの街づくりをし、だれもがともに社会で元気に生活できるように、社会の仕組みを変えることです。

> 体を動かしにくい人たちのための福祉機器を開発し、いつでも・どこでも使えるようにすることです。

> 体を動かしにくい人たちがいつでも介助者を使えるように、福祉制度を整えることです。

●障がい者用 駐車場の案内

●多目的トイレの入口

みんなが
笑顔でくらせる
社会をつくろう

わたしたちは、
わたしたちの住む社会が、
体を動かしにくい人たちもともに
安心して幸せにくらせる
笑顔のあふれる社会であることを
願っています。

わたしたちは、だれもが、
あたりまえのことをあたりまえにできる
社会の一員として活動できることを
願っています。

そして、わたしたちの社会が、
人間の尊厳(そんげん)をたいせつにする
社会であることを
願っています。

**著者略歴**
**河東田 博**（かとうだ・ひろし）

東京学芸大学特殊教育学科卒業。ストックホルム教育大学（現ストックホルム大学）大学院教育学研究科博士課程修了（Ph.D）。四国学院大学、徳島大学、立教大学教授を経て、現在、浦和大学社会学部客員教授。専門はノーマライゼーション論・障害者福祉論。主な研究領域は、スウェーデンの障害者政策・脱施設化と地域生活支援・当事者参画。
主な著書に、『スウェーデンの知的しょうがい者とノーマライゼーション』（単著、現代書館、1992年）『ノーマライゼーション原理とは何か―人権と共生の原理の探求』（単著、現代書館、2009年）『ピープル・ファースト：当事者活動のてびき』（単訳、現代書館、2010年）『脱施設化と地域生活支援：スウェーデンと日本』（単著、現代書館、2013年）『自立と福祉―制度・臨床への学際的アプローチ』（編著、現代書館、2013年）『多元的共生社会の構想』（編著、現代書館、2014年）『入所施設だからこそ起きてしまった相模原障害者殺傷事件』（単著、現代書館、2018年）等がある。

| 執筆協力 | 社会福祉法人 万葉の里 職員有志／元職員有志 |
|---|---|
| | 亀山悠津子、小堺幸恵、佐々木美知子、田中陽一郎、津田和久、野村朋美、樋代景子、宮川知誉子、村山 愛、安井麻莉、山田弘夫、渡邉淳子、和田朋子 |

| 本文デザイン | 川本 要 |
|---|---|
| カバーデザイン | 河東田 文 |
| イラスト | 小島知子 他 |
| イラスト彩色 | 高橋利奈 他 |

知っておきたい障がいのある人のSOS ❹
# 体を動かしにくい人のSOS

2015年5月25日　初版1刷発行
2020年6月5日　初版2刷発行

| 著者 | 河東田 博 |
|---|---|
| 発行者 | 鈴木一行 |
| 発行所 | 株式会社ゆまに書房 |
| | 〒101-0047 東京都千代田区内神田2-7-6　電話：03-5296-0491（代表） |

印刷・製本　藤原印刷株式会社
©Hiroshi Katoda 2015 Printed in Japan
ISBN978-4-8433-4592-4 C8336

落丁・乱丁本はお取替えします。定価はカバーに表示してあります。